RÉFLEXIONS
sur la vie quotidienne

RÉFLEXIONS
sur la vie quotidienne

TOME I

FRANÇOIS GERVAIS

LES ÉDITIONS TRANS-CANADIENNES ENR.
DRUMMONDVILLE, P.Q., CANADA
J2B 6V4

Conception graphique de la couverture:
Jacques Marcotte
Photo de la couverture:
Jacques Marcotte

Copyright: 1er trimestre 1982 par:
Les Editions Trans-Canadiennes Enr.

Dépôts légaux: 1er trimestre 1982
Bibliothèque nationale du Québec
Bibliothèque nationale du Canada

ISBN: 2-89150-015-6
Imprimé au Canada

Edité et diffusé dans le monde par:
LES EDITIONS TRANS-CANADIENNES Enr.
Casier postal 522, R.R. 4
Drummondville, P.Q., Canada, J2B 6V4
Tél. (819) 477-8287

Message de l'éditeur

Nous sommes heureux de vous présenter les deux premiers tomes de la superbe collection "Réflexions sur la vie quotidienne". Cette collection est exceptionnelle en ce sens qu'elle ne renferme que des pensées d'auteurs de chez nous. Ces auteurs, à travers leur vécu quotidien, ont pris soin de noter par écrit leurs conclusions sur la vie en général au fur et à mesure que les événements se présentaient à eux. Grâce à ces précieuses leçons de la vie, notre littérature se trouve donc enrichie de matières à réfléchir qui sont pas mal intéressantes à lire, à relire, et surtout à méditer.

Les deux premiers tomes de la collection que voici sont le fruit du travail d'un jeune auteur de la région de Châteauguay, province de Québec, soit François Gervais. Au moment de l'édition de ces deux tomes, François Gervais n'avait que dix-huit ans. Cependant, malgré ce très jeune âge, vous serez étonné de constater jusqu'à quel point ses nombreuses observations sur la vie, ainsi que les pensées et réflexions qu'il a su en tirer, peuvent nous amener à réfléchir et à méditer sur les circonstances de notre propre vie.

Avec la publication des deux premiers tomes de la collection "Réflexions sur la vie quotidienne", nous amorçons une grande série de petits livres, très bien présentés et comportant un prix très intéressant, qui seront publiées au fur et à mesure que des pensées d'auteurs nous parviendront. Nous faisons donc appel à tous nos amis lecteurs et lectrices qui ont pris la bonne habitude de noter leurs pensées ou réflexions sur la vie au fur et à mesure qu'elles se présentent à leur esprit, de nous les faire parvenir. Après les avoir bien examinées, nous serons heureux de les publier et ainsi les insérer dans les tomes de la présente collection. Pour espérer être édité, un auteur doit nous faire parvenir un minimum de 900 pensées acceptables. Bien entendu, toutes les pensées doivent être le fruit exclusif du travail de l'auteur. Si le tout est acceptable pour publication, nous contacterons l'auteur afin de lui proposer une entente écrite consistant à partager avec lui des droits d'auteur sur chacun des volumes publiés avec son nom d'auteur sur la couverture.

Vous souhaitant des heures et des années d'agréable lecture par le moyen des réflexions agréables et fort pratiques, qui sont renfermées dans la présente collection, nous vous assurons de notre plus vif désir de vous présenter une excellente qualité d'édition et vous prions de bien nous croire,

fidèlement vôtres,

Les Editeurs

1- "L'EFFORT est un pas de plus vers l'homme, mais l'amour est un univers de plus pour sa liberté."

2- "NOTRE vie a de la valeur et de l'importance dans la mesure où nous apportons notre présence, notre chaleur à la pauvreté qui nous entoure."

3- "CE n'est pas les bons mots et les belles pensées qui manquent à l'homme, mais la volonté de les faire vivre."

4- "UN bon proverbe ne se contente pas de faire sourire; il se contente de faire agir."

5- "TOUTES les idées, toutes les pensées ne sont que des moules, c'est à l'homme d'y mettre ses "compositions"."

6- "LES proverbes et les pensées aident à percevoir les susceptibles."

7- "UNE pensée doit être un peu naïve pour se faire comprendre et un peu déconcertante pour se faire remarquer."

8- "POUR celui qui ne lit qu'avec ses yeux, nulle poésie est jolie et nulle pensée ne s'épanouit."

9- "SI la poésie ne se soucie pas de l'éternelle liberté, du bonheur naturel ou de la vérité, elle n'a plus ni de vie ni de rôle."

10- "LE poète trouve la poésie derrière ses yeux, le lecteur devant les siens."

11- "LE poète voit son coeur sur son papier."

12- "LA plus belle poésie se dessine avec l'essentiel de la vie."

13- "L'AVANTAGE d'une pensée, c'est qu'elle peut résumer efficacement en deux lignes ce que nous désirons exprimer en deux pages."

14- "CE que tu dis ressemble à ta pensée, ce que tu écriras ressemblera à ton coeur."

15- "COMME il est facile d'écrire lorsque nous ouvrons notre coeur."

16- "POUR écrire des belles choses, il faut vivre des belles choses."

17- "UN homme qui fait un pas vers l'amour découvre le sentier de la vie."

18- "ON voit la profondeur du coeur de l'homme non pas selon ses paroles, ni seulement ses pensées, mais selon la grandeur et la profondeur de son engagement."

19- "LE premier pas fait découvrir les valeurs de notre engagement, et dans le pardon, ces valeurs sont essentielles."

20- "PREPARER la paix est la solution rêvée pour l'obtenir."

21- "TOUT se conserve dans le calme, et tout grandit dans la paix."

22- "POUR construire la paix universelle il faut d'abord s'adapter à notre paix intérieure."

23- "LE véritable bonheur n'existe que par l'intermédiaire de l'amour."

24- "L'HOMME heureux est l'être le plus paresseux à vieillir."

25- "QUAND nous avons beaucoup d'amour à partager, nous ressemblons au bonheur."

26- "IL faut savoir s'arracher de la haine si on veut adhérer à la vie."

27- "LA rancune, en plus de déchirer le coeur de l'autre, est une cicatrice immortelle sur les vertus du nôtre."

28- "LORSQUE le vent de l'orgueil souffle sur la plaine des hommes, la miséricorde s'envole."

29- "LA haine qui s'allume en allume beaucoup d'autres."

30- "LA haine ne se manifeste pas seulement en silence."

31- "IL existe de la haine utile à l'homme: la haine du mal, la haine des maladies, la haine des guerres...; mais il y a aussi la haine qui détruit l'essentiel de la vie, l'Amour."

32- "LA guerre commence dans le coeur de l'homme."

33- "LA où notre désir d'être toujours le seul maître s'enracine, là où notre orgueil malsain envahit tout notre humanisme, la violence de la haine commence sa destruction."

34- "IL suffit d'un homme pour allumer la guerre, mais il ne suffit pas d'un homme pour l'arrêter."

35- "LE réveil de la conscience humaine demande-t-elle vraiment une catastrophe?"

36- "NOTRE lent processus de la vie ne dépend pas de la simplicité du hasard mais de notre degré d'implication aux valeurs essentielles."

37- "CE que l'amour peut nous offrir, c'est beaucoup plus que tous les trésors de notre imagination."

38- "LA vie est faite de bonheur qu'on ne peut oublier et de malheurs qu'on ne peut ignorer."

39- "LES choses essentielles n'ont pas de modes et restent toujours ce qu'elles sont."

40- "POUR aimer la vie, il suffit d'aimer la sienne tous les jours."

41- "CE que l'on cherche sur cette terre c'est l'essentiel; pourtant, nul être ici-bas fait l'essentiel pour l'obtenir."

42- "TU as toujours le coeur jeune quand tu aimes la vie."

43- "LA plus grande, la plus importante et la plus appréciée des conventions c'est le pardon."

44- "CE n'est pas l'amour qui est pauvre, mais nous lorsque nous en manquons."

45- "IL y a des jours sans importance mais jamais sans histoires."

46- "QUAND l'amour vient à nous, nous possédons le meilleur remède contre le malheur et ainsi nous marchons vers l'apogée de notre vie."

47- "CELUI qui ne pense qu'aux autres oubliera d'exister; celui qui ne pense qu'à soi oubliera de vivre."

48- "MEME s'il y a un temps pour tout dans la vie, c'est toujours le temps d'aimer."

49- "RIEN ni personne ne peut nous empêcher d'aimer,... à l'exception de soi."

50- "C'EST souvent lorsqu'il est défendu de rire qu'on trouve le plus grand moyen de le faire."

51- "L'AMOUR, tout comme la fleur, laisse derrière lui sa prospérité."

52- "ON n'aime que d'une façon, avec le coeur; mais de manières différentes."

53- "QU'EST-CE que l'amour pour celui qui n'a jamais souffert d'avoir cessé d'aimer et d'être aimé?"

54- "L'AMOUR c'est de bâtir son royaume au fond du coeur de l'autre."

55- "J'AIMERAIS" n'a jamais eu de sentiment ni de gloire; "J'AIMERAI" en aura peut-être mais pas de glorieux; "J'AIMAIS" en a déjà eu mais si pauvres; "J'AIME" a toujours eu, les sentiments et la gloire, la gloire et la vie, la vie et l'éternelle vie."

56- "LE droit d'aimer, c'est l'amour pour son prochain. Le droit du pouvoir, c'est l'amour de soi-même."

57- "L'AMOUR est un domaine qui fini rarement bien; il se termine mal, ou bien il ne se termine pas du tout."

58- "ON ne regrette pas d'avoir aimé mais de la façon dont on a aimé."

59- "NE désespère jamais de voir un amour se détacher de toi, car si c'est un vrai amour, il reviendra toujours."

60- "PEUT-ETRE un jour ta main quittera la mienne, mais elle ne quittera jamais mon coeur."

61- "ON ne souffre pas en amour; on ne souffre que lorsqu'on est menacé de le quitter."

62- "LA où ton coeur s'ouvrira au monde, un univers s'ouvrira à toi."

63- "IL est facile d'aimer; il suffit d'être soi-même."

64- "PUISQUE c'est l'unique façon d'être heureux, pourquoi ne pas être soi-même plus souvent?"

65- "LE plus grand devoir, c'est d'aimer et se laisser aimer; le plus grand droit, c'est d'être aimé."

66- "POURQUOI sommes-nous trop timides pour dire des belles choses alors que pour les mauvaises, nous ne le sommes pas assez?"

67- "IL n'y a pas de plus grand athée que celui qui ne croit pas à la joie de vivre."

68- "LES choses les plus sérieuses font parfois les meilleures comédies."

69- "L'ESPERANCE, c'est une divinité à notre portée."

70- "NE pas avoir d'espoir, c'est de rajouter des épines sur notre longue route qui est déjà difficile."

71- "UN rêve ne meurt jamais sans avoir laissé quelques richesses."

72- "ON rêve parfois trop et on agit jamais assez."

73- "LES rêves sont les assaisonnements de notre vie."

74- "SI les belles choses ne sont pas faciles à obtenir, peut-être parce que nous les cherchons moins que les mauvaises."

75- "POUR engendrer sa richesse, le voeu demande beaucoup; et pour qu'il soit utile comme la lumière, nous devons le renouveler chaque jour."

76- "QUAND la religion communique les signes de paix et les éléments de l'amour, elle ne s'identifie jamais à une absurdité."

77- "IL existe qu'un "antibiotique" efficace contre la méchanceté: la réflextion."

78- "NOTRE prière doit atteindre notre coeur avant le Seigneur."

79- "EN construisant bien le nôtre, nous aidons les autres à bien bâtir leur royaume."

80- "UN bon philosophe n'enseigne pas l'art de parler, mais l'art de vivre."

81- "CHAQUE erreur nous amène à réfléchir et chaque réflexion nous indique l'enracinement de la vie."

82- "MOISSONNE ton sort, mais sois responsable de ce que tu cultives."

83- "ON ne regrette jamais d'avoir aimé; on ne regrette que d'avoir cessé d'aimer."

84- "COMPRENDRE la peine d'un ami c'est bon, mais le consoler c'est beaucoup mieux."

85- "PRESENTER son coeur, c'est, à coup sûr, ouvrir la barrière à des espoirs pour qu'ils viennent nous libérer."

86- "AIME-MOI comme je suis, mets ta main dans la mienne, sois fidèle dans la confiance qui nous unit et ne juge jamais ce qui nous sépare, alors ensemble nous serons libres de nous épanouir."

87- "VOICI le grand concept d'un amour ou d'une amitié éternels: oublier d'avoir déjà donné, savoir ce que l'on donne, et se souvenir éternellement d'avoir reçu."

88- "UN "je t'aime" vaut parfois mieux qu'un poème, mais une chose est certaine, il ne vaut jamais plus que le geste."

89- "QUI n'a pas confiance à la vie doit se contenter d'avoir confiance à la mort."

90- "ON ne voit jamais le bonheur lorsqu'on marche les yeux fermés."

91- "CELUI qui n'est jamais rassasié ne sait jamais apprécier."

92- "IL faut s'ouvrir aux autres comme une fleur si on veut qu'ils reconnaissent notre beauté."

93- "LA vie s'épanouit dans la liberté."

94- "CELUI qui donne une pomme aujourd'hui aura un pommier demain."

95- "C'EST un risque que d'être soi-même, mais c'est le plus merveilleux qui soit."

96- "AUCUN maître ne peut régner sur ton coeur."

97- "L'AMBITION fructifie le travail et le maintient en vie."

98- "LES grandes créations dépendent de l'appétit de notre volonté."

99- "LORSQUE notre confiance en nous-même est vraiment sincère, notre liberté s'épanouit."

100- "SANS goûts, l'homme est comme une pierre."

101- "QUAND on marche entre deux montagnes, on ne voit jamais le sommet."

102- "IL n'existe personne en ce monde capable de mieux estimer tes valeurs que toi-même."

103- "AUSSI longtemps qu'elle sera accompagnée de notre volonté, notre espérance ne nous assassinera jamais."

104- "LA responsabilité d'un homme commence là où il souffre."

105- "LE plus fort, ce n'est pas celui qui démontre le plus de pouvoir, mais celui qui n'a pas besoin de le démontrer pour le devenir."

106- "LE rôle de la souffrance, ce n'est pas de nous faire reculer mais de nous arrêter pour mieux réfléchir."

107- "LA richesse se mesure par rapport à ce que l'on donne à l'essentielle confiance qui nous enveloppe de la vie."

108- "DANS tout notre univers, il y a une richesse qu'on ne devrait jamais refuser: la vie et en particulier celle des autres."

109- "IL n'y a jamais de dernier bonheur."

110- "CELUI qui offre la première place est toujours celui qui la mérite."

111- "QUE la prière soit pour toi une nourriture plutôt qu'un voeu et tu seras bénit."

112- "COMMENT peut-on éliminer la guerre en enseignant la guerre?"

113- "L'ENFANT, c'est l'idéal de l'homme."

114- "CELUI qui juge par sa haine sera un jour châtié et enfoui dans le malheur par celle-ci."

115- "QU'EST-CE que la rancune peut apporter si ce n'est pas que de la rancune?"

116 "SI la nature ne conservait pas ses secrets, probablement qu'il n'existerait plus de nature à notre époque."

117- "UNE prière n'est riche et utile que si tu y ajoutes ton effort personnel."

118- "C'EST par sa foi, sa confiance et son amour que l'homme devient riche de paix, de bonheur; et c'est aussi par ces trois mêmes éléments qu'il apprend à évoluer avec le Seigneur."

119- "LA plus grande beauté de la nature c'est sa liberté."

120- "L'ART est bénéfique lorsque son créateur le devient."

121- "IL n'y a qu'un véritable maître sur la terre, après Dieu: la nature."

122 "LA plus belle fleur est celle qu'on donne."

123- "POUR découvrir de grandes merveilles tu dois commencer par t'apprécier davantage."

124- "DANS la vie, l'une des premières choses que nous devons apprendre, c'est obéir aux règles de la nature; la dernière, c'est comment lui donner des ordres."

125- "ON définit la beauté dépendant de ce qu'elle invoque."

126- "UNE création est digne quand elle se costume d'originalité."

127- "L'AGE d'or du royaume terrestre sera le jour où il n'y aura plus d'or pour s'exploiter."

128- "VIVRE plus vite que le temps, c'est la façon idéale de quitter notre berceau vital."

129- "LORSQU'IL passe par la bonne porte, l'homme pressé remarque par où il a passé que lorsqu'il se trouve à l'extérieur."

130- "CE qu'un homme fait le moins souvent dans sa vie, c'est de prendre son temps, voilà pourquoi il quitte la vie aussi rapidement."

131- "LA vie nous enseigne souvent à oublier."

132- "LE temps est le maître du travail mais pas des sentiments."

133- "ENTRE l'expérience et la société, il y a la force de notre caractère."

134- "FAIRE de son mieux, c'est d'être heureux avec soi-même et d'entretenir l'harmonie de ses rêves."

135- "LE caractère c'est le langage de l'esprit; enlever l'orgueil et c'est aussi les mimes du coeur."

136- "NOTRE rôle le plus honnête dans la vie consiste à être soi-même."

137- "S'ENGAGER avec amour pour une plus grande liberté, pour une plus grande paix et pour une plus grande justice, voilà ce que signifie le fait d'offrir le meilleur de soi-même."

138- "SE laisser aimer est aussi important qu'aimer."

139- "TU ne peux aimer la vie sans t'aimer."

140- "S'AIMER soi-même aide toujours un peu les autres à nous aimer."

141- "DEMAIN sera peut-être un monde d'amour, mais aujourd'hui pourquoi ne pas vivre ce demain pour qu'il soit ce qu'il doit être?"

142- "L'AMOUR a du pouvoir et du sens que si nous aimons entièrement ce que nous avons apprivoisé."

143- "TOUT le monde veut être aimé, mais personne ne veut aimer tout le monde."

144- "NOUS pouvons tous faire de belles choses, mais le problème, c'est qu'on ne s'arrête pas toujours pour regarder nos bonnes capacités."

145- "LE plus grand créateur, après Dieu, c'est la nature."

146- "NOUS demandons souvent à la nature, mais nous oublions toujours de lui répondre."

147- "LE plus grand miracle que l'univers a donné à l'homme, c'est de lui permettre d'être plus faible que les lois de la nature."

148- "RESPECTEZ le rythme de vos efforts et non celui de vos ambitions."

149- "CE que tu te donnes la peine de bien commencer vaut aussi la peine d'être bien terminé."

150- "L'ESPERANCE est notre nourriture vitale, mais elle a aussi besoin de nourriture."

151- "LA volonté dit: "Je fais!", la paresse répond: "Je ferai!""

152- "L'ESPERANCE ne consiste pas à faire confiance à la chance, mais à ce que l'on donne comme effort."

153- "AGIR, c'est l'indice d'un courage; recommencer pour essayer de faire mieux, voilà la preuve absolue d'un grand courage."

154- "AIMER est encore la plus belle des espérances."

155- "UN enfant ne connaît pas la haine si on ne lui apprend pas."

156- "PLUS le coeur est généreux, plus il s'élargit."

157- "LE coeur d'un homme est une île dans un océan; le coeur d'un enfant, un continent."

158- "ON ne voit pas toujours bien les gens que l'on n'accepte pas."

159- "LE découragement est le plus grand désert de l'âme."

160- "C'EST par la douleur que l'on apprend à mieux se connaître."

161- "SI tu n'as pas la force de demander le pardon, sois au moins toujours assez fort pour en cueillir."

162- "CHAQUE pardon est un miracle de l'amour."

163- "LA rancune, c'est de s'attacher sur des épines avec celui qu'on refuse de pardonner."

164- "SI tu veux que la société t'offre ses richesses, offre-lui tes efforts d'abord."

165- "LE mot "paix" ne s'écrit jamais seul."

166- "LA société ne serait pas aussi corrompue si chaque élément qui la constitue entretenait son engagement humain."

167- "ON n'affirme jamais de très belles supériorités avec des armes."

168- "L'HISTOIRE des hommes nous enseigne qu'il est plus facile de faire la guerre que la paix."

169- "CE n'est pas à la société ni à ses règles qu'il faut obéir, mais au bon sens naturel."

170- "QUAND tu vois plus souvent le mal que le bien, demande-toi si tu ne regardes pas trop légèrement ce qui est bon et trop sévèrement ce qui te semble mauvais."

171- "S'IL est impossible de changer le caractère d'une personne, imagine-toi un monde!"

172- "IL faut persévérer avant de réussir et non réussir avant de persévérer."

173- "IL n'y a que l'amour qui peut juger sincèrement l'amour."

174- "LE monde appartient à ceux qui ont assez de volonté."

175- "ACCEPTER l'autre, comprendre l'autre, c'est accepter l'amour et en comprendre le sens."

176- "COMMENCE par aimer, tu jugeras après."

177- "CE que le coeur d'un homme peut offrir est aussi vital que la nature."

178- "LE bonheur qui n'est pas cultivé ne grandit jamais."

179- "SI nous sommes capable de détruire une vie avec notre haine, pourquoi serions-nous alors dans l'impossibilité de la sauver avec notre amour?"

180- "ON vit essentiellement pour aimer et pour être aimé."

181- "ON commence à vieillir le jour où on commence à ne plus croire à la vie."

182- "RIEN n'est beau lorsqu'on ne porte pas la beauté en soi."

183- "LES choses utiles vont plus vers nous que nous allons vers elles."

184- "NOTRE solitude accompagne toujours notre indifférence."

185- "ON n'hait pas un être pour ce qu'il est mais pour ce qu'il fait."

186- "LA plus grande joie consiste à contribuer à faire naître un bonheur."

187- "LES hommes ont peu de temps pour se parler, pour se comprendre et encore moins pour s'écouter; mais que c'est bizarre, ils en trouvent tellement pour se faire la guerre!"

188- "IL faut parfois oublier le temps pour penser un peu plus à la vie."

189- "SEULE la conscience permet de se nourrir de vérité."

190- "DANS les problèmes mondiaux, l'homme est peut-être conscient, mais seulement de son unique inconscience."

191- "ON n'a jamais condamné le plus grand meurtrier: la guerre."

192- "LES meilleurs "je t'aime" ne se disent pas nécessairement avec les lèvres."

193- "NOTRE appétit ne juge plus lorsqu'il est affamé; soyons donc comme lui en amour."

194- "LORSQUE tu vois un copain, tu ne vois qu'un arbre; lorsque tu apprends à le connaître, tu y vois une forêt; mais quand tu commences à l'aimer, alors c'est dans tout un royaume merveilleux que tu pénètres."

195- "LA jalousie est la plus égoïste des amours."

196- "ON n'offense jamais quelqu'un en lui disant "je t'aime", alors pourquoi ne pas lui dire plus souvent!"

197- "C'est la charité elle-même qui nous enseigne qu'elle n'a point de mesure."

198- "LA jalousie témoigne un peu la grandeur et la richesse d'un amour; mais lorsqu'elle devient trop grande, elle en cause la perte."

199- "IL faut avoir foi en un ami si l'on veut qu'il soit serviable."

200- "EN donnant, on gagne souvent davantage."

201- "TOUT est beau dans la mesure où nous contribuons à notre épanouissement et à celui des autres."

202- "VOICI le concept d'un amour, ou d'une amitié éternels: oublier d'avoir déjà donné, savoir ce que l'on donne, et se souvenir éternellement d'avoir reçu."

203- "UN "je t'aime" ne se limite pas à des paroles; il ne se limite pas du tout."

204- "ON peut parvenir à compter les grains de sable de la mer, mais jamais on ne pourra compter les miracles de l'amour."

205- "LE miracle n'arrive qu'à ceux qui le prépare."

206- "L'AMITIE exige un minimum et un maximum pour atteindre le succès rêvé; l'amour, lui, n'exige qu'un minimum."

207- "DANS toute la vie, on ne peut jamais trouver ce qui pourrait nous permettre de juger."

208- "SOUVENT, le coeur crée sa propre raison."

209- "LA vraie charité est celle qui ne nous coûte que notre force d'aimer et d'être aimé."

210- "NUL être en ce monde ne s'est vu attribuer le droit d'imaginer les sentiments des autres, et encore moins celui de les juger."

211- "NOS jugements nous condamnent toujours à notre propre enfer."

212- "ON a toutes les peines du monde à évaluer le degré d'amour qu'on a pour soi; comment peut-on alors se permettre de peser celui que les autres peuvent nous porter!"

213- "LE coeur humain est comme la mer; il est immense et c'est dans ses profondeurs que l'on découvre ses plus grandes richesses."

214- "C'EST ce que tu donnes et ce que tu partages qui détermine ta véritable valeur humaine."

215- "EN critiquant trop les défauts des autres, nous oublions qu'ils possèdent aussi des qualités."

216- "VIVRE sans buts, sans rêves, c'est comme être un décor aux yeux des hommes qui ont besoin d'un ami."

217- "LORSQUE tu as la foi et l'espérance d'être heureux, alors tu possèdes déjà le bonheur."

218- "CELUI qui ne croit pas à l'impossible va toujours très loin."

219- "L'HOMME souvent imagine le bonheur en passant par la voie opposée."

220- "ON apprend souvent plus par nous-même que par mille hommes."

221- "L'ESPERANCE a ceci de merveilleux qu'elle nous permet d'être heureux au moins pendant quelques instants."

222- "CELUI qui est aspiré vers l'amour est aspiré vers le bonheur de vivre."

223- "LORSQU'ON ne le fait pas souffrir l'amour n'est jamais souffrant."

224- "NOUS souffrons plus souvent d'avoir mal aimé que d'avoir trop aimé."

225- "IL ne faut jamais corrompre l'amour d'un orgueil."

226- "QUELQU'UN qui est soi-même est toujours quelqu'un d'important, puisqu'il est unique et vrai."

227- "CE n'est pas l'erreur même qui est dangereuse et nuisible, mais plutôt la crainte de la répéter."

228- "J'AURAIS aimé que le jour où nous nous sommes rencontrés soit le jour où je suis né, car depuis ce temps, je n'ai jamais été malheureux."

229- "LE sourire est vain lorsqu'il n'a pas de réponse."

230- "L'ETRE le plus ridicule est celui qui ne rit jamais."

231- "C'EST toujours dans les moments les plus sombres de notre vie qu'on peut le mieux s'évaluer."

232- "LES gens qui ne pleurent jamais sont souvent ceux qui souffrent le plus."

233- "C'EST entre les malheurs qu'on aperçoit le mieux la vie."

234- "PLUS tu regardes et plus tu vois qu'il est facile d'être aveugle."

235- "IL n'y a qu'un enfer; celui que l'homme a dessiné pour lui-même."

236- "LA corruption d'un homme est comme un glacier; elle ne fond jamais rapidement, et le peu de fois qu'elle se dissout, elle laisse ses traces éternellement."

237- "LA paresse des méchants est une qualité pour les innocents."

238- "NE vous fiez jamais aux couleurs; elles disparaissent toujours avec le temps."

239- "LE sage n'a pas besoin de puissance pour se faire écouter; mais les puissances ont besoin de sagesse pour se faire mieux entendre."

240- "NE cherche pas les changements pour le plaisir de les voir; car alors tu risques de faire périr ce qui était essentiel."

241- "NOUS sommes entièrement responsable de ce que nous aimons, mais jamais cela signifie que nous devons jouer les maîtres."

242- "LES désirs de vengeance sont les plaisirs de nos malheurs..., et aussi leurs origines."

243- "CELUI qui aime la vie ne doit pas la détruire avec ses vices s'il tient à ce qu'elle dure longtemps."

244- "IL existe des lois contre la violence; dommage qu'il n'en n'existe pas contre les paroles qui la causent."

245- "IL n'est jamais trop tard pour se comprendre."

246- "DANS l'orgueil, l'obstination ne meurt jamais."

247- "C'EST une lâcheté meurtrière que d'être égoïste."

248- "DONNER est la façon la plus enrichissante de réjouir deux personnes."

249- "LES emprunts font les plus mauvais contrats."

250- "LE don n'a pas besoin d'être accompagné du nom de l'auteur pour être utile ni pour bien accomplir sa mission."

251- "RECEVOIR nous fait rougir, donner nous fait briller."

252- "ETRE utile est toujours un succès pour qui l'est."

253- "IL ne suffit pas de se préoccuper pour conserver beaucoup d'amis, mais de le faire afin d'en être un pour les autres."

254- "NOUS avons toujours près de nous quelqu'un à consoler, à secourir, à inscrire et surtout à aimer."

255- "CE n'est pas la personnalité d'un homme qu'il faut respecteur, mais ce qui se repose à l'intérieur de l'être."

256- "SI tu veux enrichir tes amis redonne-leur régulièrement de ta confiance."

257- "MEME s'il n'y a rien de plus beau et de plus grand que le partage, il ne faut jamais trop abuser de la charité."

258- "L'ACCEPTATION des autres, c'est facile quand on s'accepte soi-même; d'ailleurs, c'est là que réside la meilleure compréhension."

259- "LA bonté des autres est la faculté qui s'use le plus rapidement lorsqu'on en abuse."

260- "IL faut des jours et des jours pour acquérir une amitié; il suffit que d'un mot pour la perdre."

261- "COMME c'est facile de donner lorsqu'on se souvient de toutes les fois où l'on a demandé."

262- "EN faisant le bien, on rend toujours au moins deux personnes heureuses."

263- "IL faut toujours regarder chaque personnalité comme si on admirait un iceberg; on ne doit jamais juger ses dimensions, son engagement, ses capacités d'après ce qui semble se projeter à la surface, car souvent, ses vraies valeurs et son engagement sont en-dessous, cachés à la vue de tous."

264- "ON ne peut plaire à tous les hommes comme on ne peut pas tous les aimer."

265- "LA beauté ne détermine pas nécessairement une richesse, mais toutes les richesses déterminent toujours une beauté."

266- "LA quantité se regarde, la qualité s'apprécie."

267- "NE jamais abuser de rien c'est toujours conserver peu de belles choses."

268- "LES belles pensées ont besoin de peu d'explications."

269- "IL y a aussi de très jolies fleurs qui poussent sur le fumier."

270- "L'IMPORTANT dans la vie, c'est d'être grand dans ce que nous sommes."

271- "L'AVENIR appartient au mystère et à la sage confiance de l'homme."

272- "IL est bon de sauver du temps, mais il est toujours préférable de sauver sa vie."

273- "CE n'est pas le rôle du temps de limiter notre vie, mais c'est son unique droit de mieux l'ordonner."

274- "C'EST souvent que la crainte du futur qui entretient l'esprit inventif des hommes."

275- "CE que tu accomplis dans le présent déterminera le rôle de ton futur."

276- "ON doit évaluer une personne d'après ce qu'elle est et non comme l'on aimerait être." qu'elle soit

277- "CELUI qui connaît sagement son caractère connaît un peu les chemins de son destin."

278- "DANS la miséricorde, dans l'amour et le désir absolu de plaire à soi-même et aux autres, on ne voit que les roses sans les épines."

279- "TU ne peux aimer un être en ne lui permettant pas d'être lui-même."

280- "PLUS on court en compétition avec la vie, plus on trébuche."

281- "NOUS sommes tous utiles en ce sens qu'à chaque jour, près de nous, se trouve un être qui a besoin de notre sourire, de notre compréhension et de notre amitié."

282- "LA joie de vivre ne s'acquiert que par soi-même, elle dépend du bon ou du mauvais usage de notre vie."

283- "SI les enfants ont le sourire aussi facile, c'est peut-être parce qu'ils ressemblent au paradis."

284- "IL ne faut pas que chercher à comprendre un enfant, il faut le rejoindre là où est son coeur, là où il sème la joie."

285- "LES plus grands et les meilleurs cadeaux ne sont jamais enveloppés et ils ne se donnent pas qu'à l'image d'un plaisir; ils se partagent à l'entrée du bonheur."

286- "LORSQUE nous partageons notre petit bonheur souvent nous en récoltons un plus grand."

287- "CELUI qui honore sa vie est maître de son destin."

288- "C'EST par le travail qu'on s'améliore et non avec la chance."

289- "QUI veut mettre en oeuvre son bonheur doit s'engager à aimer davantage la vie."

290- "SI nous manquons de temps pour penser au bonheur c'est peut-être parce que nous prenons trop de ce temps pour réfléchir à nos problèmes."

291- "PLUS notre souffrance est difficile, plus elle nous enseigne pourquoi il ne faut pas faire souffrir les autres."

292- "IL semble très raisonnable d'être dans la honte après avoir commis une erreur, mais il semble aussi que c'est très lâche d'y rester."

293- "DONNE tes larmes à l'amour pour qu'elles deviennent si riches que leurs formes servent d'engrais à la miséricorde."

294- "NOTRE puissance à vaincre tous nos malheurs dépend essentiellement de notre façon de les juger."

295- "LES aveugles possèdent parfois la lumière la plus pure."

296- "NOUS détruisons notre prière lorsque nous ne participons pas à son accomplissement."

297- "LORSQUE tu abandonnes au milieu de ton chemin, le malheur, lui, ne t'abandonne pas."

298- "IL existe des mots qui sont plus jolis que d'autres dans une prière, mais il n'y a pas de prière qui soit plus belle qu'une autre."

299- "POUR que le bonheur puisse t'accompagner pour toujours, donne-lui chaque jour un peu de tes efforts."

300- "NE rien faire est toujours souffrant, même pour les paresseux."

301- "LA vie ne doit pas être une lutte, ni un combat; elle est ce qu'elle est, soit un cheminement naturel universel."

302- "S'IL est si facile de désobéir à la vie par le travail, l'alcool, le tabac et les autres sources d'évasion, il n'est pas aussi facile de désobéir à la mort."

303- "ON devrait toujours être amour comme la merveilleuse lumière qui nous a fait naître."

304- "QUAND la volonté est bonne, tous les métiers sont bons."

305- "LE seul fait de croire en soi est déjà un succès."

306- "L'ESPOIR, c'est l'équilibre entre ce que l'on a et ce dont l'on rêve."

307- "VOICI l'un des plus grands malheurs du monde: ne plus croire en soi-même."

308- "IL existe beaucoup de belles choses pour nous aider à être heureux, assez pour remplir notre bonheur mais beaucoup trop que l'on ne voit pas."

309- "L'AMOUR cultive la prière et la prière cultive la vie."

310- "DANS l'humilité, le plus que l'on donne ne s'efface jamais."

311- "LA prière nous demande de joindre les mains pour sa lecture; mais pour s'épanouir comme un miracle, elle nous demande de les ouvrir."

312- "IL suffit que d'une mauvaise chose pour haïr; pourquoi en faudrait-il beaucoup pour aimer?"

313- "SOUVENT, nous avons tendance à juger les gens selon ce que nous-même sommes."

314- "ON ne peut diviser le bonheur de vivre du bonheur d'aimer."

315- "ON obéit toujours plus facilement à la violence qui nous invite qu'à la paix."

316- "ON ne peut espérer changer les maux de la société sans d'abord commencer par modifier le mal qu'on a à l'intérieur de soi."

317- "ON peut se demander de quelle intelligence peut bien s'animer l'homme pour être toujours en guerre comme il l'est."

318- "SI tu as la violence comme maître, alors attend-toi de mourir bientôt à ses pieds."

319- "LA vie est très difficile quand nous le sommes avec elle."

320- "NOUS ne pouvons certes pas refuser notre vieillesse, mais nous pouvons ignorer et oublier sa légende traditionnelle qui veut qu'elle soit l'attente de notre tombeau."

321- "LA vie est un don gratuit, mais elle est beaucoup trop courte pour être sacrifiée à l'autel de la rancune."

322- "CELUI qui a assez de volonté pour recommencer possède aussi assez d'intelligence pour mieux faire."

323- 'LA vie est un don qui ne se refuse pas, c'est le plus grand don; et même si nous n'avons jamais demandé de venir au monde, nous acceptons très rarement de le quitter."

324- "LA plus grande souffrance, lorsqu'on meurt, c'est de transpercer involontairement le coeur de ceux qu'on a le plus aimés."

325- "LA vie est faite d'autant de roses que d'épines, mais on reste toujours accroché plus longtemps sur les épines qu'aux roses."

326- "LORSQU'ON ne pense qu'au temps que l'on perd, on en perd deux fois plus."

327- "ON est critiqué que dans notre bon vivant et honoré qu'à notre mort."

328- "C'EST de vivre pleinement sa vie que de partager notre joie profonde."

329- "IL est dommage que la déception assèche la volonté des hommes car elle pourrait être bénéfique."

330- "LE sage est celui qui sait que sa sagesse peut toujours fléchir."

331- "LA où il y a trop d'orgueil, il n'y a plus de sagesse."

332- "ETRE utile, c'est le rêve et l'unique source de toute survie."

333- "ON récolte l'idéal de notre vie en s'affirmant."

334- "C'EST notre plus grand devoir que d'être responsable devant notre propre vie."

335- "EXPRIMER sa liberté est l'un des plus grands besoins de l'homme."

336- "QUI est constamment utile est sans cesse heureux."

337- "NE rien faire est le plus cruel des suicides."

338- "L'ORGUEIL est ce qui brise le plus les ailes de l'homme."

339- "SI tu n'aimes pas les lois, apporte au moins ton aide à ceux qui les réalisent."

340- "ON peut parvenir à être honnête avec ce qu'il y a au fond du coeur d'autrui, si toutefois on parvient à le devenir avec ce qu'il y a au fond de notre propre coeur."

341- "SI nous prenons si peu de temps pour penser à la vie ce n'est pas parce que nous en manquons; car plus nous pensons à la vie et plus nous avons le temps de bien la réaliser."

342- "IL faut être constamment conscient des choses qui nous semblent les plus faciles car c'est souvent celles-ci qui nous échappent."

343- "LES gestes les plus simples sont souvent ceux qui sont les plus riches de sens."

344- "NOUS ne devons pas offrir notre pitié, mais notre aide."

345- "COMME il est facile d'aimer la vie lorsqu'on aime."

346- "LES choses utiles, même les aveugles les voient."

347- "LA lâcheté la plus cruelle est la violence, car celle-ci préfère tuer que guérir."

348- "LA souffrance nous apprend au moins une chose: à écouter chaque seconde de la vie."

349- "PAR le coeur, on corrige tout, même l'orgueil."

350- "CE n'est pas le pardon lui-même qui guérit, ni de la façon dont il est signé; mais toutes les valeurs qu'entraînent sa signature."

351- "POURQUOI donner du temps à la rancune s'il en manque pour l'amour?"

352- "APRES le mauvais temps vient le beau temps, mais après la violence ne vient pas toujours la paix."

353 "UN enfant n'a pas besoin d'explications pour aimer, mais il en a besoin de beaucoup pour haïr."

354- "LE racisme est la plus grande lâcheté de nos jugements."

355- "IL ne faut jamais laisser son orgueil dans une rancune."

356- "REGARDE où il y a de l'amour et tu contempleras la paix."

357- "DOIT-ON punir la haine, ou doit-on la guérir."

358- "TOUT ce qui s'appelle colère va toujours trop loin."

359- "AVONS-NOUS nécessairement besoin de guerres pour apprécier la paix?"

360- "C'EST d'aggraver notre mal que de le nier."

361- "LE pardon n'est pas que la force de l'amour; il est le miracle même de la vie."

362- "METS un peu d'écoute sur ta parole, mais surtout, dégage toute ton attention sur tes actes."

363- "LES graines du mal ont moins de difficultés à germer que les graines du bien, peut-être bien parce qu'elles sont moins rares."

364- "AVOIR la capacité de se comprendre, voilà le secret de toute bonne solidarité."

365- "IL faut, avant chaque action, décider ce qui est bien; ensuite, juger ce qui est mal."

366- "L'UNION entre l'amour et la justice donne toujours naissance au mot "paix"."

367- "C'EST l'expérience de la vie qui doit nous enseigner la morale et non le jugement des hommes."

368- "VOICI la meilleure façon d'éloigner de nous nos ennemis: les aimer."

369- "UN "merci" n'a jamais fait pleurer personne."

370- "CELUI qui s'estime trop souvent diminue le mince privilège que les autres possèderaient pour l'estimer."

371- "LES plus belles communications se font souvent dans le silence."

372- "POUR tout ce qu'elle nous a coûté, je me demande qui n'aimerait pas recommencer sa vie."

373- "SI la jeunesse ne veut pas recevoir de conseils, la vieillesse finit par ne plus s'écouter elle non plus."

374- "LE paresseux, ce n'est pas l'individu qui ne sait jamais comment faire, mais celui qui ne veut jamais apprendre."

375- "POUR qu'il porte des fruits, le bonheur se doit d'être cultivé quotidiennement."

376- "ON n'est jamais heureux lorsqu'on ne prend pas le temps de regarder ce qu'on a déjà."

377- "QUI a confiance en soi-même réalise toujours de très grandes choses."

378- "C'EST être vraiment pauvre que de vivre continuellement avec ses seuls rêves."

379- "NE force pas un autre à porter ton costume, même s'il lui fait bien; et surtout, ne te crois jamais dans le costume d'un autre."

380- "CELUI qui ne laisse jamais mûrir ses fruits se plaint toujours qu'il ne digère pas."

381- "LA patience a perdu moins de guerres que la violence."

382- "C'EST toujours à celui qui apporte quelque chose de nouveau que va l'ovation."

383- "POUR faire le bien, nous attendons la meilleure occasion; pour faire le mal, nous acceptons la première."

384- "LA lumière..., la vérité..., la sagesse..., le savoir..., l'amour..., le bonheur..., voilà une image de l'univers infini où baigne l'être fini."

385- "ON laisse toujours libre ce que l'on aime vraiment."

386- "UNE fleur sera toujours moins lourde qu'une arme pour la main; aussi, pourquoi ne ferions-nous pas la prochaine guerre avec des fleurs?"

387- "PREPARER le bien est l'unique façon de l'obtenir."

388- "CELUI qui rit de quelqu'un admire sa propre ignorance."

389- "TU n'as pas le droit de refuser celui qui t'offre son coeur, mais tu as le pouvoir et le droit de refuser son intimité."

390- "C'EST par l'imitation qu'on ne respecte pas ses valeurs."

391- "POUR réussir, il ne faut pas satisfaire notre volonté, mais notre propre rythme."

392- "POUR permettre à un homme d'être lui-même, nous devons lui permettre d'agir."

393- "LA réputation n'a pas la réputation de ne jamais se tromper."

394- "LE savoir-vivre est d'abord du savoir apprécier."

395- "CHAQUE personne qui s'engage à t'aider a le droit de recevoir ta reconnaissance, surtout si elle ne réussit pas."

396- "NOUS allons toujours avoir quelque chose à critiquer chez les autres puisque nous allons toujours en avoir à critiquer à l'intérieur de nous-mêmes."

397- "ETRE maître de soi c'est être maître de son bonheur."

398- "LE succès croît dans le coeur qui croit en lui."

399- "LES yeux du coeur sont parfois comme les yeux d'un simple visage; après avoir longtemps regardé et jugé l'extérieur, ils sont incapables de se voir en eux-mêmes."

400- "CRITIQUER les autres demande toujours un retour sur soi-même."

401- "UN coeur heureux n'est jamais seul."

402- "IL n'y a pas de plus amère critique que de recevoir pour soi celle qu'on a déjà exprimée à d'autres."

403- "NOUS avons que peu de temps pour apprécier et exprimer les belles choses qui sont autour de nous, alors pourquoi perdre tout ce temps à critiquer que les mauvaises."

404- "POUR être honnête en tout il faut d'abord commencer par être responsable de ce que l'on dit."

405- "ON est déjà injuste lorsqu'on obéit à la justice des hommes."

406- "BIEN souvent, ce qu'on appelle vérité n'est défini que par nos propres jugements imparfaits."

407- "NOUS croyons tous à la justice, mais, bien souvent, à la seule qui nous plaît."

408- "NOUS sommes tous des victimes de l'oubli, et nous le sommes encore plus lorsque nous jugeons."

409- "CE n'est pas un talent de consoler, mais un don."

410- "LES mots "je t'aime" sont les mots qui parviennent le plus souvent à bien consoler."

411- "ON ne parvient jamais à haïr profondément ceux qu'on a longtemps aimés."

412- "SI l'amour ne rend pas l'homme heureux, il contribue au moins à le rendre meilleur."

413- "NOUS devons toujours ressembler à la joie que nous voulons projeter."

414- "UN visage sans sourire est comme une maison sans fenêtres."

415- "POUR quelle raison avons-nous plus souvent de honte pour affirmer que l'on aime quelqu'un que pour affirmer notre haine?"

416- "LA plus grande ignorance est celle qui n'est jamais modeste."

417- "RÉALISER de grandes choses de la façon la plus simple, voilà le vrai génie."

418- "LA plus belle science est celle qui nous enseigne comment atteindre le bonheur."

419- "ENTRE les sots et les sages il y a les entêtés."

420- "L'EFFORT ne nous garantit pas de bons résultats, mais il nous promet au moins une expérience enrichissante."

421- "IL existe une bonne façon d'attirer le succès vers soi: lui apporter une richesse nouvelle."

422- "NOS mains devraient atteindre le bonheur que notre coeur désire et non celui dont notre orgueil a toujours rêvé."

423- "C'EST dans l'ennui qu'il nous est le plus facile d'évaluer ce que nous aimons."

424- "ON ne peut parvenir à atteindre le bonheur sans aimer davantage la vie."

425- "NOUS étouffons le rire et toute notre énergie lorsque nous le retenons à l'intérieur."

426- "ON se plaint souvent que les autres ne nous comprennent pas, mais on se plaint rarement qu'on ne se comprend pas soi-même."

427- "APPRENDRE à écouter, à parler; apprendre à bien regarder, et être toujours soi-même; voilà la meilleure et aussi la plus longue éducation."

428- "AVANT de commencer à être heureux, il faut d'abord commencer par être soi-même."

429- "NOUS pouvons tout détruire avec nos paroles, mais nous ne pouvons pas toujours tout reconstruire."

430- "QUI est patient récolte lui-même sa gloire."

431- "ON mesure la vanité des lâches par le bruit qu'ils font."

432- "L'INACTION est le plus mauvais des silences."

433- "L'EFFORT est l'unique bonne recette du succès."

434- "IL ne faut jamais s'obstiner avec les raisons d'une défaite."

435- "LA démission, c'est l'enfer de toute volonté."

436- "L'IMPORTANT dans la vie, ce n'est pas de toujours chercher, mais de comprendre et d'appliquer le peu que l'on trouve."

437- "LE découragement est la maladie mortelle de la patience."

438- "IL n'y a pas d'invention sans volonté."

439- "CELUI qui n'agit pas est aussi responsable du mal que celui qui le fait, car il ne s'occupe même pas de le guérir."

440- "ON est maître de notre liberté le jour où l'on devient responsable de sa propre vie."

441- "L'ERREUR est une faculté qui est propre à tous. Le droit d'en commettre doit être aussi respecté. Et s'offenser devant son erreur, c'est alors ne pas se respecter soi-même."

442- "L'ECHEC prévu déçoit; l'échec imprévu assassine."

443- "DANS la prudence, il n'y a pas de grands signes de honte; mais dans la honte, il y a de grands signes d'imprudence."

444- "QUAND tu juges attends-toi toujours à être déçu."

445- "LA maturité ne demande pas nécessairement beaucoup d'années pour se manifester convenablement; elle dépend de différents facteurs, comme l'humilité, le respect de ses propres erreurs, la foi et ses déceptions essentielles; mais au-dessus de tous ces éléments, sans l'humble confiance en soi-même, notre maturité ne naît jamais."

446- "QUI ne sait pourquoi il agit n'a aucune ambition."

447- "IL faut sans cesse combattre notre orgueil car elle ne nous abandonne jamais."

448- "LA facilité est dans la volonté et non dans le travail."

449- "LE pire défaut est toujours celui qu'on refuse de reconnaître."

450- "REALISER ce que l'on a en soi, c'est la façon la plus merveilleuse et la plus confiante de se réaliser."

451- "NOTRE juste humilité est un peu fait à l'image de notre maturité."

452- "LE succès ne consiste pas à faire mieux que plusieurs, mais plutôt de faire mieux que soi-même."

453- "CE n'est pas de nos capacités qu'il faut se méfier, mais de la force de notre volonté."

454- "QUI veut réussir trop rapidement verra ses échecs partir lentement."

455- "IL est toujours difficile d'enseigner l'erreur à l'être qui n'en a pas encore été victime."

456- "IL n'y a qu'une véritable défaite: l'abandon."

457- "SUR le chemin de la vie, il ne devrait y avoir qu'un seul règlement: être heureux."

458- "LES meilleurs souvenirs sont toujours à rebâtir pour pouvoir renouveler de meilleurs demains."

459- "L'HOMME seul n'est ni plus ni moins qu'une créature."

460- "LA vie et la liberté sont inséparables."

461- "LE danger enseigne lorsqu'il ne tue pas, et guérit l'imprudence lorsqu'il ne blesse pas trop."

462- "ON est riche ou pauvre selon notre ambition personnelle, selon ce que l'on désire et selon ce que l'on rêve de devenir."

463- "COMMENT peut-on prévenir les maux de l'avenir lorsqu'on ignore ceux du présent?"

464- "LA vie est faite de mystères que nous devons commencer à comprendre avant d'interpréter."

465- "LE plus beau modèle de l'intelligence c'est le bonheur."

466- "LA science parvient plus facilement à prouver ce que l'on ignore que prouver ce que l'on sait."

467- "ADHERER sincèrement à l'image de la vie c'est de mettre tout son coeur, tout son engagement à l'épanouissement de son futur."

468- "NOUS imaginons le bonheur si rare, si inaccessible qu'il nous semble toujours impossible de l'atteindre, même quand nous possédons tous les éléments essentiels pour l'obtenir."

469- "BIEN des maux ne font que répondre à nos craintes; il suffit tout simplement de cesser de craindre pour voir plus de la moitié de nos maux disparaître comme par enchantement."

470- "IGNORE ce que tu hais, réfléchis à ce que tu aimes, car il est toujours plus facile de se souvenir et surtout de grandir dans ce que l'on aime."

471- "NOUS avons besoin de peu d'effort pour dire "c'est beau la vie"; nous n'avons besoin pour le dire que de notre coeur."

472- "CELUI qui pense trop à son avenir use son présent."

473- "L'ENNUI avec nos erreurs, c'est qu'elles ne se produisent jamais au bon moment."

474- "LE chemin de la persévérance nous amène très souvent au sentier de la gloire."

475- "DANS la vie, les événements ont toujours le dernier mot."

476- "L'HOMME ignore tout, à l'exception du peu qu'il prétend connaître."

477- "SI tu n'aimes pas ton travail, aime au moins les raisons pour lesquelles tu l'as adopté."

478- "LA quantité compte que lorsque le talent n'y est pas."

479- "LE meilleur compagnon de l'activité, c'est nous."

480- "AGIR fait respirer notre volonté et contribue ainsi à la maintenir en vie."

481- "SEULS les actes déterminent la pensée humaine."

482- "LES chefs-d'oeuvre naissent en silence, mais ils ne meurent jamais sans bruit."

483- "CELUI qui multiplie sa force de vaincre la corruption des hommes multiplie également le trésor de sa vie."

484- "POUR croire à la vie, il faut d'abord croire en Dieu ainsi qu'en l'homme."

485- "NE pas être serviable, voilà le pire handicap."

486- "L'ESPERANCE et la gloire finissent toujours par se rejoindre un jour ou l'autre."

487- "TU peux nier le décor de la vie du Christ, mais tu ne peux nier la valeur de ses paroles."

488- "LE chrétien n'a pas besoin de preuves pour croire, mais il a besoin de croire pour voir les preuves."

489- "LA vraie foi transformante n'est pas celle qui se contente de croire, mais celle qui a soif d'agir."

490- "RIEN ne peut concrètement s'identifier à la justice; il n'y a que la sagesse et l'amour de son prochain qui peuvent lui ressembler."

491- "AIMER, c'est d'abord remercier l'autre pour ce qu'il nous donne, et ne pas trop le critiquer pour ce qu'il ne nous donne pas."

492- "CELUI qui est assez sage pour lire les paroles de l'Evangile doit l'être aussi assez pour les vivre."

493- "LA vérité est la chose la plus facile à vivre; le plus difficile, c'est de savoir quelle vérité il faut vivre."

494- "LA modestie du sage est comme une lampe de poche qu'on allume en plein jour."

495- "A quoi sert de donner une bonne paire de souliers à celui à qui tu viens de couper les deux pieds?"

496- "CELUI qui se préoccupe peu de réfléchir doit accepter d'obéir aux ordres du hasard."

497- "ON hait beaucoup trop souvent ceux que l'on ne connaît pas assez."

498- "LA vérité est l'arme que l'homme utilise le moins souvent pour se faire connaître."

499- "LA bonté commence d'abord par la haine du mal et un amour aussi fort pour les autres que pour soi-même."

500- "DANS tous les contrats de l'amour il y a le verbe "donner"."

501- "RIEN ne dépasse une présence; et pourtant, elle est si facile à partager mais si difficile à obtenir."

502- "C'EST le verbe pardonner qui fait vivre le verbe aimer."

503- "NOS préjugés condamnent un individu à être pour nous ce qu'il n'est pas vraiment dans son coeur."

504- "LE véritable amour est celui qui ne cesse jamais de grandir."

505- "UNE présence est toujours riche quand elle est sincère."

506- "IL faut partager dans l'amitié mais donner dans l'amour."

507- "LE pardon est comme l'amour; il ne s'use jamais et il grandit sans cesse."

508- "NOUS pouvons difficilement apercevoir les rayons de joie de notre sourire lorsqu'il n'y a pas un autre visage qui nous le reflète."

509- "LA bonté d'un ami repose dans la confiance que nous échangeons avec lui."

510- "MÊME si chacun a des idées et des valeurs différentes, nous avons tous droit au même respect et c'est là la clef unique d'une compréhension universelle."

511- "ON ne connaît jamais assez bien une personne pour bien la juger."

512- "IL est dommage pour nous que nous ne prenons pas autant de plaisir à nous critiquer que nous en prenons pour critiquer les autres."

513- "CEUX qui se réfugient sous leurs préjugés sont les sots les plus hypocrites."

514- "L'HYPOCRISIE brûle l'image de notre confiance, et la fumée qui s'en dégage rend hommage à nos vices."

515- "LORSQU'ON se préoccupe beaucoup de faire vivre nos qualités, alors nos amis oublient que nous avons des défauts."

516- "AVANT de juger nos amis, il faut apprendre à les aimer davantage."

517- "LORSQUE le mensonge est difficile, la transpiration ne l'est pas."

518- "L'HYPOCRISIE rend le mensonge encore plus mauvais qu'il ne l'est déjà."

519- "ON ne peut jamais espérer trouver la justice dans la vengeance."

520- "TOUT est trop difficile pour les paresseux, même aimer."

521- "CELUI qui ne veut s'engager dans rien s'engage automatiquement comme décor plutôt qu'acteur."

522- "A l'heure de sa réalisation, une vraie parole ne s'enfuit pas."

523- "LES plus grandes promesses d'amour n'ont pas besoin de paroles."

524- "C'EST de n'avoir aucune confiance en soi-même que d'être susceptible."

525- "IL y a plus de sagesse dans nos silences que dans nos paroles."

526- "NOUS perdons tout le respect de soi-même lorsque nous perdons le respect des autres."

527- "EN écoutant beaucoup, on évite toujours de trop parler."

528- "L'HOMME vraiment généreux est celui qui ouvre son coeur et qui prend le temps de partager ce qui le rend heureux."

529- "L'HUMOUR et l'humeur s'expriment bien quand on aime la vie."

530- "LE rire est toujours prospère."

531- "UN visage a besoin d'un sourire pour communiquer sa beauté."

532- "LA chance appartient à l'être qui en profite."

533- "VOICI le secret du bonheur quotidien: regarder tout du bon côté."

534- "LA plus grande joie est celle qu'on partage; la plus belle, celle qu'on a créée; la plus merveilleuse, celle qu'on entretient."

535- "ON ne cueille jamais quelque chose avec les mains fermées."

536- "SI le rire semble impoli, nous devons pardonner son innocence car il est la source du bonheur et l'énergie de la vie."

537- "LE sourire des autres contribue beaucoup à notre bonne humeur quotidienne, mais ce qui y contribue encore plus, c'est le sourire que nous avons à l'intérieur."

538- "TOUS les éléments de la vie deviennent utopiques quand on ne se donne pas la peine de vivre."

539- "LA chance ne visite pas souvent les paresseux."

540- "LE chagrin ne se console pas par lui-même."

541- "NOUS n'abandonnons pas parce que c'est inutile, mais c'est inutile parce que nous abandonnons."

542- "SE trahir soi-même est la plus grande déception qui soit."

543- "DANS le coeur de chaque être nulle île ne peut survivre."

544- "LORSQUE je pense qu'il me serait impossible de survivre sans être aimé, le pardon me semble alors plus facile."

545- "LE caractère d'un homme est comme la loi; il est très difficile de le modifier, et le peu de fois qu'il l'est, ce n'est pas toujours pour le mieux."

546- "NOS vices commencent par nos jugements, et c'est la façon dont on juge qu'on appréciera notre vie ou pas."

547- "NOS défauts nous font rougir de honte, mais lorsqu'on les corrigent, ils nous font rougir par nos honneurs."

548- "ON élimine nos vertus lorsqu'on en parle trop."

549- "ON conserve notre talent avec les éloges de nos amis et on l'améliore avec les critiques de nos ennemis."

550- "ON reconnaît le juste par la seule lumière qu'il projette."

551- "IL n'y a pas de pire égoïste que l'être qui marche les mains vides pour ne rien offrir."

552- "L'EXCES n'a jamais eu et n'aura jamais de vertu."

553- "SOUVENT, lorsque notre argent nous couvre trop, ainsi font nos vices."

554- "IL faut amoindrir notre orgueil pour pouvoir amplifier notre volonté à pardonner."

555- "LE sourire est essentiel dans la vie; car sans lui, il est tout à fait impossible de partager nos sentiments les plus honnêtes."

556- "NOUS sommes les plus grands responsables de l'usure de notre vie."

557- "CE qu'on négligera un peu aujourd'hui, nous le regretterons beaucoup demain."

558- "IL y a de grands signes dans les larmes, et chacun signifie une force plus grande que l'orgueil."

559- "LORSQU'ON ne néglige pas nos sentiments, ils ne nous font jamais souffrir."

560- "NOUS avons tous un peu besoin de simplifier nos promesses pour amplifier nos actes."

561- "MODERATION est synonyme de sagesse."

562- "CELUI qui abrège tous ses excès allonge sa vie."

563- "L'ARGENT est une drogue-remède; il soulage bien des maux mais n'en guérit aucun."

564- "UN monde sans poètes est comme un oiseau sans ailes."

565- "LES choses nous semblent plus belles lorsqu'on les juge moins pour les aimer davantage."

566- "NE jamais être trop convaincu de ce qu'on connaît, voilà qui ouvre nos convictions à d'autres connaissances."

567- "S'AMELIORER est la plus grande marque de respect que l'on porte à l'égard de soi."

568- "LA publicité de la vertu n'a jamais besoin d'être mendiée."

569- "ETRE écrivain, c'est simplement posséder un coeur qui parle."

570- "LA paix nous demande d'obéir qu'à un seul règlement: le respect de la liberté par les lois de l'amour."

571- "NOUS avons besoin de joies différentes, mais nous avons tous besoin d'un même bonheur; le bonheur d'être aimé."

572- "ON ne fait pas que choisir son avenir, on le sème."

573- "QUAND nous jugeons que c'est notre devoir de changer, alors c'est notre devoir de bien changer."

574- "NOUS devons subir les malheurs de la haine pour vivre et connaître le bonheur d'aimer."

575- "IL est toujours plus facile de faire pleurer que de consoler."

576- "C'EST en aimant le bien que nous parvenons le mieux à en faire."

577- "IL ne faut jamais craindre de trop aimer, mais de mal aimer, oui."

578- "QUI ne sait pas aimer ne sait pas non plus vivre."

579- "MÊME si la vie est trop courte, elle ne demande pas de courir."

580- "DANS la pure amitié, nous acceptons les défauts; dans l'amour conjugal, nous les aimons."

581- "DANS le bon mariage, deux conjoints ne vieillissent jamais."

582- "LES femmes sont comme la nature: il existe un seul moyen pour les rendre aimables, les respecter."

583- "PLUS on aime une personne, plus on découvre ses richesses."

584- "DANS la main d'un ami, il faut déposer sa confiance; dans son âme, sa compréhension; sur ses lèvres, son sourire; devant ses yeux, une rose; près de lui, sa présence et son aide; et dans son coeur, le bonheur de son amitié."

585- "ON appelle rancune le souvenir de tout le mal qu'un être nous a fait, mais comment appelle-t-on tout le bien qu'un ami nous a donné?"

586- "ETRE soi-même est la qualité qui nous fait le plus aimer d'autrui."

587- "ENTRE l'amour que je t'offre et la vie que nous partageons, il y a le mot bonheur."

588- "ON peut avoir mille façons de témoigner à autrui de son amitié, et la valeur n'en jamais changer pour autant."

589- "IL y a un bonheur auquel on ne peut jamais se détacher si on le veut bien: le bonheur d'aimer autrui."

590- "LES bonnes paroles ne suffisent pas toujours pour corriger les mauvaises."

591- "LE passé est le passé; mais l'avenir, c'est le passé à finir."

592- "LA principale différence entre un enfant et un adulte ne se voit pas dans l'apparence physique, mais plutôt dans la grandeur du coeur."

593- "SI on peut dire aimer d'amour et haïr d'aimer, alors on peut aussi dire aimer d'aimer."

594- "LA dernière heure est toujours la plus difficile, mais toujours la plus décisive."

595- "SI l'homme prenait enfin conscience qu'il est un homme, alors il pourrait finalement devenir libre."

596- "LA liberté d'aimer est la plus belle liberté qu'un être puisse posséder."

597- "LE droit d'aimer, c'est l'amour pour son prochain; le droit du pouvoir, c'est l'amour de soi-même."

598- "LA vérité peut se comparer à une lumière; lorsqu'elle s'illumine, tout s'éclaire."

599- "UNE pensée comme une prière sort du coeur; la seule différence entre les deux est que celle-là ne cherche pas à donner une offrande, mais à la partager."

600- "CE que le coeur ne peut prendre, le cerveau ne peut pas l'apprendre."

601- "PARFOIS, un amour éloigné vaut plus qu'un amour rapproché."

602- "LE sentiment qui nous paraît parfois le plus difficile est souvent le plus utile."

603- "LA langue est l'organe qui permet de mesurer la longueur de l'ignorance humaine."

604- "UN caractère, c'est comme un cadeau emballé; c'est en le développant qu'on admire le plus sa richesse."

605- "LA vengeance nous apprend au moins une chose: qu'on n'apprend jamais rien par la vengeance."

606- "L'ETRE n'a besoin que de son coeur pour pouvoir approfondir l'amour dans toute sa splendeur."

607- "SI la nuit porte conseil, alors le jour le supporte."

608- "SI les rêves n'existaient pas, beaucoup de choses n'auraient alors jamais été découvertes."

609- "S'IMAGINER que quelqu'un nous aime est toujours le plus beau des rêves, mais le rêve se termine vite par le pire des cauchemars lorsqu'on se réveille trop tard."

610- "UN coeur sans frontières est toujours un coeur loin de la misère."

611- "PLUS l'être aimé est éloigné, plus l'amour est rapproché."

612- "DIRE plus qu'une fois "je t'aime" est souvent le meilleur poème qu'on puisse partager avec l'être qu'on aime."

613- "LES fruits de nos paroles sont souvent les grains de nos sentiments."

614- "IL y a bien des façons de tomber amoureux, mais l'unique et bonne façon est d'être deux."

615- "IL n'existe qu'une seule façon de réussir dans la vie: la bonne."

616- "L'ECHEC dans une amitié, c'est comme la musique; il suffit que d'une mauvaise note pour briser l'accord."

617- "L'AMOUR, c'est la lumière reflétée par la sincérité du coeur."

618- "CE que les yeux peuvent laisser parfois couler ne sont pas que des larmes, mais aussi des sentiments."

619- "AVANT de se changer, il faut au moins savoir si l'on tient vraiment à se modifier."

620- "CE que l'on voit se détacher de nous, n'est, bien souvent, que la chose dont on se détache soi-même."

621- "CORRIGER sa propre erreur n'est pas qu'un simple honneur, mais aussi une grâce."

622- "SOUVENT pauvreté engendre richesse du coeur."

623- "IL ne faut jamais prendre une erreur comme une noirceur; il faut la voir dans sa plus grande clarté pour finalement constater qu'elle n'est pas autre chose qu'une lumière pour notre avenir."

624- "LE génie, c'est de faire d'une invention une utilité plus qu'une personnalité."

625- "UN être ne doit se prétendre vraiment riche que lorsqu'il a enfin atteint ses valeurs inestimables."

626- "IL existe plusieurs belles pensées en ce monde, mais il n'en est aucune qui soit plus riche que celle qui est accomplie."

627- "IL ne faut jamais désespérer de voir un amour se détacher de soi, car s'il s'agit d'un véritable amour, il reviendra toujours."

628- "QUAND on laisse aller le malheur comme il est venu, on comprend alors avec facilité que le bonheur n'est jamais perdu."

629- "SOUVENT, les choses qu'on néglige le plus sont justement celles qui nous serviraient le mieux."

630- "LA joie qu'un auteur ressent à rédiger une pensée ne dépasse jamais celle qu'on éprouve à l'accomplir."

631- "UN être qui va bien est toujours un être bien."

632- "UNE bonne pensée n'a pas besoin de réflexion; elle la donne."

633- "IL y a peu de différence entre la maladie et la nature; les deux savent très bien nous immobiliser."

634- "LE bonheur est une graine à semer; un arbre à prendre soin; et un fruit à déguster."

635- "DANS la vie, on va toujours plus loin avec sa réputation qu'avec ses talents, car rares sont les talents qui triomphent sur la réputation."

636- "IL faut contrôler l'instinct, mais jamais les sentiments; la difficulté, c'est de savoir les identifier."

637- "IL ne faut jamais bousculer les sentiments."

638- "L'AMOUR est comme la lumière du feu, inconsommable."

639- "EN disant une idée, on se fait écouter; mais en la partageant, on se fait apprécier."

640- "QUI rie d'un optimiste est un joyeux pessimiste."

641- "LA logique ne doit jamais l'emporter sur le coeur, car le bonheur devient alors impossible."

642- "REVER est l'une des rares actions où l'on est certain de ne pas regretter nos gestes."

643- "NE plus pouvoir se reconnaître, voilà ce qu'est le désordre."

644- "SE moquer d'autrui, c'est souvent se moquer de soi-même."

645- "LORSQUE la vie nous paraît noire, alors c'est que notre esprit est obscur."

646- "IL n'y a rien de plus funeste en ce monde que de ne pas avoir la volonté de sortir de ses ténèbres."

647- "NOS erreurs sont toujours les cauchemars de nos vertus."

648- "NUL ne peut oublier ses erreurs; on ne fait que se consoler après les avoir commises."

649- "CHAQUE individu a son royaume; il suffit seulement d'y pénétrer."

650- "IL n'y a rien de plus précis en ce monde que nos sentiments."

651- "SI tu veux connaître ton sort, alors observes tes actes."

652- "ON ne connaît jamais la source d'un amour, alors pour quelle raison chercher à connaître son embouchure."

653- "SEULE la peur peut influencer un désir profond."

654- "SE connaître soi-même est déjà une très grande connaissance."

655- "IL faut peut-être se méfier de l'homme, mais jamais s'en éloigner."

656- "UN lendemain n'est pas autre chose qu'un aujourd'hui qui n'est pas terminé."

657- "L'AMOUR est l'unique clé qui ouvre la porte au bonheur; il suffit seulement de savoir bien l'utiliser."

658- "LE chien est peut-être le meilleur ami de l'homme; mais aucune compagne ne peut être meilleure que sa femme."

659- "C'EST lorsque nous ne voyons plus nos passions qu'on perd la raison."

660- "ON prend plus de plaisir à détruire qu'à construire, car l'homme a horreur de la raison, et pour détruire il n'en a nullement besoin."

661- "LE temps est l'une des rares choses qui ne revient jamais deux fois."

662- "SI on distribue plus de qualités à un être qui est mort plutôt qu'à un vivant, c'est parce qu'on ne voit plus ses défauts."

663- "LA bonté d'autrui est comme la boisson; il ne faut jamais trop en abuser."

664- "UNE prière n'est pas une vraie requête si elle ne prend pas sa source dans le coeur."

665- "LA vie demeure toujours le seul temps certain pour vivre."

666- "LORSQUE nous n'avons pas assez de temps pour agir, nous en avons encore bien moins pour réfléchir."

667- "LA meilleure méthode est souvent celle qu'on aurait jamais eu la brillante idée d'utiliser."

668- "IL n'y a rien de plus vrai au monde que notre existence."

669- "EN tout, la plus grande présence est toujours la nôtre."

670- "CELUI qui pratique très peu le pardon connaît très peu l'amour."

671- "LA plus grande connaissance est invisible, mais toujours présente."

672- "C'EST toujours dans nos actions qu'on cultive nos plus belles paroles."

673- "L'HABILETE est l'ambition la plus distinguée qui soit."

674- "LA négligence est une contrainte très favorable à la paresse."

675- "LA dernière minute est toujours la période durant laquelle nous manquons le plus de courage."

676- "SOUVENT, la lumière des uns fait la noirceur des autres."

677- "C'EST à travers nos difficultés que l'on témoigne de nos capacités, et non à travers nos paroles."

678- "UN amour sans geste est une chanson sans musique."

679- "C'EST lorsque l'injustice ne nous est pas favorable qu'elle est injuste."

680- "ON se fait souvent du mal pour faire du bien, mais encore plus pour faire du mal."

681- "CE n'est pas l'âge qui détermine la capacité de raisonner, mais le raisonnement qui détermine l'âge."

682- "DEPUIS les débuts de l'homme, les superstitions ont toujours été les justiciers les plus efficaces."

683- "C'EST être sot que de ne pas croire au bien; et c'est faire des sottises que de s'en éloigner."

684- "NOUS vivons dans nos racines; il suffit seulement de savoir les faire fructifier."

685- "IL est toujours plus facile de désobéir à la raison qu'aux sentiments."

686- "LA perfection serait peut-être de ce monde si les choses dites imparfaites ne feraient pas toujours partie de nos insatisfactions."

687- "LES choses simples sont les plus incompréhensibles à notre époque."

688- "NUL sentiment n'est plus avare que la jalousie."

689- "AUCUN être ne peut se vanter d'être naturel, car nul ne peut affirmer absolument qu'il n'est pas enclin à l'orgueil."

690- "RIEN n'est plus ennuyant que rien."

691- "LA frontière de la haine c'est l'amour, et la frontière de l'amour c'est le vide."

692- "LE passé, c'est la mort; l'avenir, c'est la vie; le présent, c'est la naissance."

693- "ON crée nos propres conflits comme on crée notre propre avenir."

694- "QUAND nous rendons service, nous ne le rendons jamais qu'à une seule personne."

695- "L'ACTION du sentiment est la bénédiction de l'amour."

696- "LA peur est toujours la principale paralysie du coeur."

697- "IL faut parfois être ridicule pour ne pas le paraître."

698- "ON guérit une folie, mais on ne peut guérir un esprit détraqué."

699- "IL est moins ridicule de se faire ridiculiser qu'être ridicule sans le savoir."

700- "IL n'y a pas de jalousie sans amour-propre, mais il y a de l'amour-propre sans jalousie."

701- "LE plus grand miracle de l'amour, c'est de guérir l'orgueil."

702- "LE succès dépend de nous; et nous, nous dépendons de notre succès."

703- "UN homme n'est pas toujours préoccupé, seulement mal ordonné."

704- "LES gestes sont comme les mots, ils ont toujours leur définition."

705- "LA vraie croyance, c'est lorsqu'on ne pose plus de questions sur celle-ci."

706- "L'AMOUR ne s'apprend peut-être pas, mais une chose est certaine, il se vit."

707- "L'HOMME est toujours le plus grand mystère pour l'homme."

708- "LA haine, c'est le plus méchant cri de la vie; l'amour est sa plus belle voix."

709- "TOUT comme il est possible de lire sans connaître le sens des mots; de même, il est impossible d'haïr ce dont on ne connaît pas de la nature."

710- "SOUVENT, on n'avoue ses petits défauts que pour mieux cacher ses plus grands."

711- "C'EST lorsqu'on bouscule les événements qu'on risque de se faire brasser."

712- "IL y a parfois deux types de personnes très différentes chez un individu: celle dont on a déjà entendu parler et celle qu'on prétend connaître."

713- "LE courage de la vie, c'est le courage d'être soi-même."

714- "LA fidélité commence toujours par soi-même."

715- "SI le trop ne serait pas la cause du trop peu, rares seraient les pays sous-alimentés."

716- "UN trésor ne vaut rien tant qu'il n'est pas découvert; alors pourquoi ne vas-tu pas te faire connaître?"

717- "AUTANT un coeur physique a besoin d'air pour vivre, autant un coeur spirituel a besoin d'amour pour survivre."

718- "LES douleurs du coeur font les pensées bien ordonnées."

719- "LA compréhension est le respect de la communication."

720- "LA volonté est comme une fleur; il suffit d'une seule gelée pour qu'elle meurre."

721- "ON consacre toujours avec soin nos premiers besoins lorsqu'on ne peut pas en avoir de seconds."

722- "IL n'existe pas de plus grande force que la foi pour transformer la philosophie de l'homme."

723- "ON crée notre propre vide comme on crée notre propre présence."

724- "TU peux avoir tort, mais jamais tout seul."

725- "IL est difficile de partager quand notre esprit est aussi fermé que nos mains."

726- "NOS fautes sont toujours plus faciles à partager que nos biens."

727- "ON accepte difficilement les erreurs que l'on a pas commises, comme on accepte facilement les honneurs que l'on ne mérite pas."

728- "LE plus grand péché consiste à faire de celui-ci une prospérité."

729- "ON peut prétendre que le monde est amer et corrompu, mais on ne peut affirmer qu'on ne l'est pas nous aussi."

730- "NOS lieux les plus saints sont les lieux de notre coeur; c'est que là, il y a toujours le divin pour conserver notre bonheur."

731- "IL n'y a pas d'amis sans confiance, comme il n'y a pas de mer sans eau."

732- "SOUVENT, l'ombre de notre philosophie n'est que le fruit de nos obscurs passés."

733- "C'EST irritant de voir les mauvaises choses revenir, comme ce l'est de voir les bonnes s'en aller."

734- "ON ne peut être franc avec autrui si on ne l'est pas avec soi-même."

735- "LES sots sont parfois plus utiles, et moins nuisibles que ceux qui ont trop d'esprit."

736- "ON vit lorsqu'on ignore le temps, et on existe seulement lorsqu'il nous presse."

737- "UN coeur riche est toujours le signe évident d'un esprit riche."

738- "LE plus beau temps est toujours celui dont on ignore la durée."

739- "ON ne peut aimer sans être aimé, comme on ne peut haïr sans se faire haïr."

740- "LE travail, c'est comme la musique; lorsqu'il est agréable, il nous stimule, et quand il ne l'est pas, il nous ennuie."

741- "L'ENVIE d'être admiré est la confiance de notre amour-propre."

742- "LA gravité d'une erreur n'est pas déterminée par ses conséquences, mais de la manière dont on l'absorbe."

743- "IL n'y a pas d'amour sans notre propre amour."

744- "VOICI la plus grande et la plus ridicule imagination de notre esprit: le plaisir de se croire supérieur aux autres."

745- "LA timidité devient un défaut lorsqu'elle est absente."

746- "ON aurait beaucoup moins de problèmes si l'on voyait que ceux que nous devrions voir."

747- "LES fruits de notre coeur originent toujours des racines de nos pensées."

748- "LA passion, c'est comme une maladie; il est plus facile de l'attraper que de s'en débarrasser."

749- "NUL "je t'aime" est plus triste que celui qui n'est pas accompagné de chaleur et de sentiment."

750- "LA beauté de l'être cher est celle qui se métamorphose le plus souvent, selon notre humeur."

751- "PARFOIS, notre amour-propre ne fait que cacher le véritable amour que notre timidité nous empêche de distribuer."

752- "NOS mérites font notre amour-propre et notre amour-propre détruit nos mérites."

753- "UNE pensée peut se cacher, mais jamais elle ne meurt vraiment."

754- "CE qu'il y a de plus ennuyant dans une vraie peine d'amour, c'est que l'être qui souffre ne peut pas partager sa souffrance avec l'être aimé."

755- "POUR que la rencontre avec l'être cher dure toujours, il suffit seulement de faire toujours comme au premier jour."

756- "IL n'appartient toujours qu'à nous d'être nous-même."

757- "QUI prétend n'avoir rien à faire est un grand partisan de la paresse."

758- "L'ORIGINALITE engendre toujours la joie."

759- "TOUT être humain doté d'une intelligence bien ordinaire peut être aussi philosophe à ses heures."

760- "RIEN n'est plus naturel que l'amour; cependant, jamais a-t-on vu autant d'amour artificiel qu'à notre époque."

761- "ASSEZ souvent, les réputations font plus de fortunes que les talents."

762- "PLUS la volonté s'approche de la vérité, plus elle devient puissante."

763- "LA modération dans les vieilles habitudes ne fait, bien souvent, qu'accroître les nouvelles."

764- "LA plupart du temps, l'homme se fait un plaisir de détruire aux seuls fins de s'ériger de l'honneur en reconstruisant."

765- "IL existe deux sortes de sourds: celui qui, physiquement, n'entend pas, et celui qui, mentalement, ne veut pas entendre."

766- "NOUS croyons toujours plus à ce que nous voulons croire qu'à la vérité même."

767- "AIMER par pitié, c'est aimer bien pauvrement."

768- "QUELQUE soit le discours, sa qualité dépend souvent de sa longueur."

769- "IL n'y a pas de mérites sans critiques."

770- "LORSQUE nos espoirs n'ont plus de limites, ils viennent toujours rejoindre nos désespoirs."

771- "LA jalousie, c'est l'art de n'aimer que soi-même.

772- "UN tricheur trouve toujours le moyen de tricher."

773- "LA vérité de notre persévérance ne dépend pas de nos espoirs mais de notre volonté."

774- "UN être qui s'aime est quelqu'un qui aime la vie."

775- "LES trois quarts de nos prières sont exaucées par nous-même."

776- "LA foi, c'est de croire à ce que l'on croit."

777- "NOS pensées sont les ombres précises de nos actes."

778- "NOTRE meilleur ami est celui que l'on voit chaque matin devant le miroir."

779- "UN être humain est comparable à un piano; il ne fonctionne bien que si son ensemble est bien accordé."

780- "ON n'a jamais besoin de rendez-vous pour se rendre dans le pétrin."

781- "L'ESPRIT ne doit jamais **prendre la place** du coeur."

782- "NOS défauts sont cachés plus par notre orgueil que par notre volonté."

783- "SI l'on possède un amour que pour nos intérêts, alors ce n'est plus de l'amour mais de la haine."

784- "UNE personne toujours de mauvaise humeur est comme un tonneau percé; avec le temps, elle finit par se vider d'elle-même."

785- "POUR être agréable, une pensée doit toujours se comparer à son modèle originale: l'action."

786- "'IL y a de bons livres comme il y a de bonnes habitudes; la seule différence qu'il y ait entre les deux est que le livre, lui, connaît sa fin, alors qu'un habitude ne connaît que son commencement."

787- "ON s'instruit toujours plus dans ses propres erreurs que dans les livres."

788- "DANS toute l'histoire de la terre, une seule chose nous fait pleurer à la fois de joie et de peine: la vie."

789- "TOUT être qui se trouve loin de nous n'est pas si mal que cela."

790- "IL est impossible de trouver de l'amour dans le coeur des autres si l'on est incapable d'en trouver dans le sien."

791- "UN désir engendre toujours un autre désir; de ce fait, nous n'avons jamais que ce que nous désirons."

792- "ON ne corrige pas une mauvaise action, mais on peut toujours en éviter une deuxième."

793- "LA plus grande joie consiste à donner une offrande; la plus grande tristesse consiste à en refuser une."

794- "NOTRE désir absolu de gloire fait que nous devenons rarement glorieux."

795- "ON est toujours plus joli lorsqu'on ne **se** voit pas."

796- "TOUT est beau lorsqu'on le devient."

797- "ON s'intéresse parfois au passé, souvent à l'avenir, mais rarement au présent."

798- "S'IL fallait s'arrêter à chaque "si" on ne ferait jamais rien."

799- "L'ETRE humain a un dédain tellement horrible du naturel qu'il se fait un devoir d'interpréter en mystères ce qui lui semble peu naturel."

800- "SOUVENT, l'être humain est plus mystérieux que ses propres mystères."

801- "IL ne faut jamais trop se plaindre, car on risque alors de sombrer dans nos vices."

802- "RIEN n'est plus vieux que le temps; pourtant, il nous semble toujours nouveau."

803- "LES belles choses quittent nos yeux, mais jamais notre coeur."

804- "L'APPARENCE du mérite remporte souvent plus de succès que le mérite même."

805- "EN rédigeant des pensées on ne fait pas que découvrir la vie, mais on découvre aussi soi-même."

806- "SOUVENT on croit atteindre un but alors que c'est un autre qu'on atteint."

807- "IL faut être sot pour ne pas croire au bonheur, mais encore plus pour le fuir."

808- "LE bonheur, c'est comme la lumière et la vie; on ne connaît jamais bien la signification exacte du mot."

809- "ON écrit ce que l'on croit penser et non ce que l'on pense."

810- "UN crayon est toujours la solution idéale des paresseux pour justifier leur mauvaise écriture."

811- "ON devient toujours plus malheureux de nos faux malheurs que de nos vrais."

812- "LORSQU'ON ne se possède plus, on constate avec une rapidité étonnante jusqu'à quel point on ne possède plus rien."

813- "LE coeur contemple les choses que les yeux ne peuvent voir, et les yeux contemplent les choses dont le coeur doit se contenter de rêver."

814- "DANS la vie, on ne change pas, on fait que s'améliorer."

815- "ON n'a jamais de malheur ; on a moins de bonheur, c'est tout."

816- "ON peut mentir à notre esprit mais jamais à notre coeur."

817- "IL n'existe pas de fin pour ce qui a trait au naturel."

818- "ON peut fuir un amour, mais l'ignorer, voilà qui est impossible."

819- "TU ne dois jamais mettre deux souliers dans le même pied, comme tu ne dois jamais mettre deux amours dans le même coeur; car autrement, tu risques alors de trébucher."

820- "ON s'excuse toujours plus qu'on se pardonne."

821- "LES réflexions sont souvent plus grandes après les mauvaises actions qu'avant; et la meilleure phrase pour le prouver est celle-ci: "Si je l'avais su!"."

822- "SOUVENT, ce que nous appelons coeur n'est pas autre chose qu'un endroit caché de notre esprit."

823- "RIEN ne meurt dans le paysage d'hiver, il n'y a que des choses qui dorment."

824- "LA jalousie c'est de l'amour dans un coeur et de la haine à l'extérieur."

825- "S'IL y a autant de mots méchants qui sortent de la bouche d'un homme, c'est parce qu'il oublie trop souvent de s'écouter."

826- "TANT qu'il y aura de l'eau pour faire couler une chute, elle est belle; et tant qu'il y a de l'amour pour nous faire vivre, on est beau."

827- "QUAND on met notre main dans la main d'une autre personne, on met alors notre coeur entre ses mains."

828- "L'AMOUR ne jalouse pas, il ne trahit pas, il n'aveugle pas; il se vit et se partage tout simplement."

829- "LORSQUE tu rejoins la nature, alors tu te rejoins."

830- "LE coeur parle toujours plus que l'esprit."

831- "NOS bonnes actions peuvent se comparer à un livre; la couverture fait souvent plus le prix que le contenu même."

832- "UN être humain est capable d'oublier beaucoup de choses; mais comme la bête, il n'oublie jamais son sexe opposé."

833- "TU as besoin de beaucoup de raisons pour être triste; mais aucune pour être heureux."

834- "DANS la vie, on retient beaucoup de choses, mais on ne retient pas toujours les raisons pour lesquelles on les as retenues."

835- "S'IL est difficile de composer des pensées sur Dieu, c'est parce qu'Il a déjà donné à l'homme tous les meilleurs conseils."

836- "UNE vraie et bonne question ne demande pas qu'une simple réponse, mais une réflexion."

837- "TU peux tout négliger, mais pas la vie."

838- "LA gêne élimine toujours plus de services que de vices."

839- "LE malheur commence à l'instant où l'esprit se mêle trop des affaires du coeur."

840- "LES sentiments sont les racines de l'amour, et les gestes en sont les fruits."

841- "HEUREUSEMENT que les hommes ont inventé le mensonge; autrement, il y aurait peu de conversations sur la terre."

842- "TOUTE vie a son grain d'espérance, et tout grain d'espérance a le droit de vivre."

843- "UN coeur n'est jamais solitaire; mais notre esprit, lui, peut le devenir."

844- "EN innondant notre amour-propre, on assèche toujours nos vraies valeurs."

845- "IL n'existe qu'une façon valable de gagner du temps: ne pas vouloir trop en sauver."

846- "UN passé sans aucun bon souvenir est impossible, et un futur sans avenir l'est encore plus."

847- "CE n'est pas notre impatience proprement dite qui détermine notre caractère, mais ses causes."

848- "IL ne faut pas que semer son amour, il faut aussi le cultiver."

849- "LA haine est le pire épanouissement de la conscience et aussi le pire cancer pour le coeur."

850- "LE vrai bonheur ne se trouve pas au hasard; il se construit petit à petit, brique par brique."

851- "IL existe différentes sortes d'amours, mais il n'y a qu'une seule façon d'aimer."

852- "IL est beaucoup plus prudent d'étudier l'homme que son univers."

853- "SI tu veux qu'un homme ait **confiance** en toi, commence d'abord par lui faire confiance."

854- "LA politesse est un bien partagé dans le plus grand but d'en recevoir."

855- "IL faut toujours se méfier de la certitude; elle est toujours incertaine."

856- "LA certitude nous conduit plus souvent à la destruction qu'à la conservation de notre optimiste."

857- "IL n'y a rien de plus triste et de plus significatif que nos souvenirs."

858- "RARES sont les solutions plus efficaces que le temps; cependant, elles ne sont pas les plus rapides."

859- "IL ne faut jamais craindre le mauvais passé, car on risquerait alors seulement de le reproduire."

860- "UN service n'a pas de prix, et il se rembourse encore bien moins par un autre service."

861- "ON se fait un plaisir de partager nos torts, mais on se fait un devoir de conserver nos gloires."

862- "CE n'est pas à la faute qu'il faut porter attention, mais à la raison pour laquelle elle a été commise."

863- "LA bonté comme l'amour est digne de tout être qui en témoigne."

864- "ON se prive et on se néglige plus par notre imagination que par nos actes."

865- "HEUREUSEMENT que les gens sont jugés selon leurs actes et non leur volonté; autrement, très peu d'honneurs leurs seraient décernés."

866- "COMMENCE par être patient avec toi-même et tu seras beaucoup plus patient pour accueillir les autres."

867- "SI nous croyons tous à l'amour et à la vie idéale, alors pourquoi ne les prêchons-nous pas plus souvent?"

868- "SI tu veux cueillir de l'amour commence d'abord par en semer."

869- "IL n'y a pas de limites dans nos sentiments, mais cela ne doit pas nous empêcher de les contrôler."

870- "PLUS tu partageras ton amour, plus tu en récolteras."

871- "ON est souvent conscient de plusieurs choses, mais rarement de celle dont on devrait l'être le plus: notre vie."

872- "DANS toutes nos pensées, il y a toujours une chose qui prime: notre idéal."

873- "AGIR avec le coeur et réfléchir avec l'esprit, voilà finalement ce qu'est le bon sens."

874- "A quoi sert la prière du matin si elle est détruite le soir!"

875- "LE plus grand honneur qu'un ami puisse nous faire n'est pas d'être plus près de son corps, mais plutôt de son coeur."

876- "MEME si on vivait jusqu'à mille ans, on n'en finirait pas de s'explorer."

877- "SI tu n'as pas d'amis, alors regarde ta patience."

878- "SI tu pensais deux fois avant de parler, alors tu dirais quatre fois moins de choses blessantes et inutiles."

879- "IL peut exister une troisième fois plus belle que la deuxième, mais jamais plus belle que la première."

880- "NOTRE humeur change comme les notes de musique, mais ne s'accorde pas toujours aussi bien."

881- "ON prend souvent note du bien et du mal que les gens nous font; cependant, on note très rarement le mal que nous leur faisons."

882- "SI tu veux être parfait, alors il faut renoncer à le devenir."

883- "TOUT se voit avec les yeux; tout s'entend par les oreilles; tout se comprend par l'esprit; cependant, tout se vit dans le coeur, pas ailleurs."

884- "CE n'est pas le temps qui nous indique si l'on est ou pas en retard, mais notre rythme de vie."

885- "NE jamais éprouver le besoin d'élever le ton de la voix, voilà ce que signifie avoir l'humeur équilibrée."

886- "JE suis heureux à chaque fois que je pense à toi, c'est-à-dire maintenant."

887- "SI tu regardais avec un oeil plus enthousiaste tes malheurs, tu verrais bien que ce ne sont pas tous des malheurs."

888- "JUSTE avec la confiance de croire et de vivre avec Dieu, tu as là à ta portée tout ce qu'il te faut pour être heureux."

889- "OUVRE très grand tes yeux et tu verras le bonheur là ou tu ne l'as peut-être jamais vu."

890- "IL y aurait sûrement moins de certitudes dans l'esprit de l'homme s'il expliquait toutes les sources de ses affirmations."

891- "IL y a toujours plus de vérité dans nos joies que dans nos affirmations les plus sincères."

892- "LA poésie est un nouveau monde caché dans l'esprit de l'humain."

893- "NOS préjugés démontrent plus de craintes que de vérités."

894- "LA solitude, c'est le désert de l'amour."

895- "LES amoureux s'entendent par leurs paroles, mais ils ne se comprennent bien que par la voix du coeur."

896- "LA où est notre coeur, il y a un autre monde."

897- "LES sentiments sont comme l'univers; on ne connaît pas leur centre, ni leur fin."

898- "UN homme en groupe n'est jamais le même homme."

899- "LA beauté visible n'égalise jamais les beautés invisibles."

900- "LA réflexion rend parfois plus de services que l'action peut en prouver."

Index

A

abandon - 456

abandonner - 297-541

abuser - 257-259-267-663

acceptation - 258

accepter - 158-175

accomplir - 275

accorder - 779

acte - 362-481-560-651-777-864-865

action - 365-672-695-785-792-831-900

activité - 479

admirer - 741

adulte - 592

affirmation - 890-891

affirmer - 333-415

âge - 681

agir - 72-153-392-439-446-480-489-666-798-873

ailes - 338

aimer - 48-49-52-55-56-58-63-65-83-138-139-140-143-154-176-180-192-196-203-209-224-241-254-264-279-289-312-314-324-345-353-368-385-395-411-470-491-502-516-520-544-574-577-578-583-589-593-596-612-739-767-774-851

aller - 631

ambition - 97-148-446-462-673

améliorer - 288-567-814

ami - 84-199-253-256-509-516-584-731-778-875-877

amitié - 202-206-260-281-506-580-588-616

amour - 1-17-23-25-31-37-44-46-51-53-54-57-59-61-118-142-173-175-179-193-195-198-202-204-206-212-222-223-225-303-309-356-366-412-490-500-504-

B

C

diviser - 314
don - 250-323
donner - 87-94-200-202-214-248-251-261-310-495-500-506-793
dormir - 823
douleur - 160-718
droit - 65

E

échec - 442-454
écouter - 348-527-825
écrire - 15-16-809
écriture - 810
écrivain - 569
éducation - 427
effort - 1-117-148-152-164-299-420-433-471
égoïste - 247-551
éloge - 549
emprunt - 249
enfant - 113-155-157-283-284-353-592
enfer - 235
engagement - 18
engager - 521
ennemi - 368-549
ennui - 423
entêté - 419
ennuyant - 690

entendre - 765-883
épanouir - 93
épanouissement - 201
épine - 278-325
équilibre - 306
erreur - 81-227-292-441-455-473-621-623-647-648-727-742-787
espérance - 69-103-150-152-154-217-221-486-842
espoir - 70-85-306-770-773
esprit - 645-698-725-735-737-744-781-816-822-830-839-843-883-892
essentiel - 41
estimer - 102-370
évaluer - 231-276
évangile - 492
événements - 475-711
excès - 552-562
excuser - 820
existence - 668
exister - 736
expérience - 367-420
explication - 268
exploiter - 127
explorer - 876

F

facilité - 448
faire - 151-300-337
faute - 726-862
femme - 582-658
fidèle - 86
fidélité - 714
fleur - 51-92-122-269-386-720
foi - 118-199-217-489-722-776
folie - 698
fonctionner - 779
force - 483-722
forcer - 379
forêt - 194
fort - 105
fortune - 761
franc - 734
frontière - 691
fruit - 380
fuir - 818
fumier - 269
futur - 274-275-846

G

gagner - 200
gêne - 838
généreux - 156-528

génie - 417-624
gens - 159
geste - 88-343-678-704-840
gloire - 430-474-486-794-861
goût - 100
grand - 270
grandir - 178-470-504
groupe - 898
guerre - 32-34-112-168-187-191-317-359-381-386

H

habileté - 673
habitude - 763-786
haine - 26-29-30-31-33-114-155-179-357-415-574-691-708-783-849
haïr - 185-312-353-411-497-709-739
handicap - 485
hasard - 36-496-850
heureux - 24-64-221-262-308-336-376-401-428-457-833-886-888
histoire - 45
hiver - 823
homme - 595-655-707-

vice - 243-546-553-838
vide - 723
vie - 17-26-40-42-81-
89-93-108-139-179-
181-188-233-243-272-
273-280-287-289-301-
302-309-319-321-323-
325-328-334-341-345-
372-424-440-460-464-
467-471-475-484-556-
562-579-645-665-692-
713-774-788-837-871-
884
vieillesse - 320-373
vieillir - 24-181-581
violence - 244-315-318
-347-352-381
visage - 414-508-531
vivre - 16-47-80-128-
180-216-282-314-378-
538-578-665-684-736-
883
voeu - 75
voie - 219
voir - 90-101-158-170-
346-399-746-795-883-
889
voix - 885
volonté - 3-98-103-151
-174-304-322-329-391-
435-438-448-453-480-

646-720-762-773-782-
865
vrai - 226-668

Y

yeux - 90-399-618-803
-813-883-889